T0284402

LA SOLEDAD DEL SER

SERIE MENOR, 15

Elizabeth Cady Stanton
LA SOLEDAD DEL SER

TRADUCCIÓN DE ÁNGELES DE LOS SANTOS

EDITORIAL PERIFÉRICA

PRIMERA EDICIÓN: septiembre de 2023
TÍTULO ORIGINAL: *Solitude of Self*

© de la traducción, Ángeles de los Santos, 2023
© de esta edición, Editorial Periférica, 2023. Cáceres
info@editorialperiferica.com
www.editorialperiferica.com

ISBN: 978-84-18838-82-8
DEPÓSITO LEGAL: CC-151-2023
IMPRESIÓN: Kadmos
IMPRESO EN ESPAÑA — PRINTED IN SPAIN

El asunto que en esta ocasión deseo exponer abiertamente ante ustedes trata sobre la individualidad de cada ser humano; sobre nuestra concepción protestante en lo relativo al derecho a la conciencia y al juicio individuales; sobre nuestra idea republicana de la ciudadanía individual. Cuando hablamos sobre los derechos de la mujer hemos de considerar, en primer término, lo que le pertenece a ella como individuo en un mundo propio, árbitro de su propio destino, un Robinson Crusoe imaginario con un Viernes femenino en una isla solitaria. Los derechos de la mujer en tales circunstancias consisten en el uso de todas sus capacidades para su seguridad y su felicidad.

En segundo término, si la consideramos ciudadana, miembro de una gran nación, debe tener los mismos derechos que el resto de la ciudadanía, según los principios fundamentales de nuestro gobierno.

En tercer término, en calidad de mujer, un factor igualitario en la civilización, sus derechos y sus deberes siguen siendo los mismos: la felicidad y el desarrollo individuales.

En cuarto término, únicamente los roles coyunturales de la vida, tales como ser madre, esposa, hermana o hija, pueden implicar ciertas obligaciones y una preparación especiales. En el debate habitual sobre el ámbito de la mujer, algunos hombres, como Herbert Spencer, Frederic Harrison y Grant Allen, coinciden en subordinar los derechos y los deberes de ella en cuanto individuo, ciudadana y mujer a las necesidades de esos papeles circunstanciales, muchos de los cuales un gran número de mujeres quizá no llegue a asumir nunca. Al hablar sobre la esfera del hombre, no establecemos sus derechos como individuo, ciudadano u hombre según las obligaciones que contrae al ser padre, esposo, hermano o hijo, roles que acaso jamás desempeñe en su totalidad. Además, el hombre se adaptaría mejor a esos mismos papeles y al oficio específico que eligiera para ganarse la vida gracias al completo desarrollo de todas sus capacidades en cuanto individuo.

Igual ocurre con la mujer. La educación que la preparará para cumplir con sus deberes en el sentido más amplio de la utilidad humana la capacitará mejor para cualquier trabajo que pueda verse obligada a realizar.

La soledad de todo ser humano y la necesidad de confianza en sí mismo deben darle a cada individuo el derecho a elegir sus coyunturas.

La razón más poderosa para brindarles a las mujeres todas las oportunidades de recibir una educación superior para el pleno desarrollo de sus facultades, tanto mentales como físicas; para otorgarles la más amplia libertad de pensamiento y de acción; para ofrecerles una completa emancipación de todas las formas de cautiverio –se deban, ya a la costumbre, ya a la dependencia, ya a la superstición–, y para liberarlas del paralizante influjo del miedo, dicha razón es la soledad y la responsabilidad personal de su vida. El motivo más poderoso por el que pedimos que la mujer tenga voz tanto en el gobierno al que está sujeta como en la religión en la que se le pide que crea; igualdad en la vida social, en la que ella es un factor fundamental; y un lugar en los oficios y las profesiones liberales en el que pueda ganarse la vida, ese motivo es su derecho natural a la soberanía propia; pues, en cuanto individuo, la mujer debe confiar en sí misma. Por mucho que prefieran apoyarse en otros, que las protejan y las amparen, y por mucho que los hombres deseen que cuenten con ellos para eso, las mujeres deben hacer solas el viaje de la vida y, para velar por su seguridad en caso de emergencia, han de saber algo sobre las leyes de navegación. Con el fin de guiar nuestra nave debemos ser a la vez capitán, piloto y maquinista; llevar el timón con la ayuda de la carta de navegación y la brújula; observar los vientos y las olas; saber cuándo arriar las velas, y leer las señales del firmamento. Lo mismo da que el solitario navegante sea hombre o mujer. A la hora del peligro, la naturaleza, que los ha dotado por igual, los deja a su albedrío y juicio, y, si no están a la altura de las circunstancias, uno y otra perecen igualmente.

Con el fin de apreciar la importancia de preparar a todo ser humano para que actúe con independencia, pensemos un momento en la inconmensurable soledad del ser. Llegamos solos al mundo, a diferencia de quienes nos han precedido; lo abandonamos solos, cada cual conforme a su situación particular. Ningún mortal ha sido nunca, ni lo será jamás, como esa alma que acaba de lanzarse al mar de la vida, pues nunca volverá a darse una coyuntura similar a sus eventualidades prenatales; nunca volverán a darse los entornos que han conformado la infancia, la juventud y la madurez de ese ser humano en concreto. La naturaleza jamás se repite, y las posibilidades de una persona nunca se darán en otra. Nadie ha encontrado nunca dos briznas de hierba iguales ni nadie encontrará jamás dos seres humanos iguales. Dada la infinita diversidad del carácter humano, podemos apreciar hasta cierto punto la pérdida que para un país supone que a cualquier nutrido grupo de personas se le prive tanto de la educación como de la representación en el Gobierno. Reclamamos el completo desarrollo de cada individuo, en primer lugar, por su beneficio y su felicidad personales. Al equipar a un ejército le damos a cada soldado una mochila, armas, pólvora, una manta, un vaso, un cuchillo, un tenedor y una cuchara. Los pertrechamos a todos por igual para cada una de sus necesidades individuales, y después cada cual lleva su propia carga.

De modo análogo, reclamamos el completo desarrollo personal tanto por el bien común como por el consenso de los competentes en todos los intereses humanos y en todas las cuestiones de la vida nacional, para lo cual cada uno deberá soportar su correspondiente parte de la responsabilidad general. Es triste ver lo pronto que los niños desamparados se ven obligados a soportar sus propias cargas, cuando aún no saben analizar sus sentimientos; se los abandona a su suerte antes incluso de que sepan reconocer sus alegrías y sus penas. La gran lección que a todas las edades parece enseñarnos la naturaleza es la autonomía, la autoprotección y la autosuficiencia. Qué conmovedor ejemplo de soledad infantil, de esa necesidad de amor y reconocimiento que tiene el corazón, encontramos en una niña que ayudó a decorar un árbol de Navidad para los hijos de la familia en la que servía. Al ver que no había ningún regalo para ella, se perdió en la oscuridad y pasó la noche a campo raso, sentada en una piedra; cuando la encontraron por la mañana estaba llorando como si fuera a morirse de pena. Ningún mortal conocerá jamás lo que a esa niña desvalida se le pasó por el pensamiento durante las largas horas de aquella fría noche, en la que las silenciosas estrellas fueron su única compañía. La mención del caso en los periódicos movió a muchos corazones generosos a enviarle regalos, pero en las horas de su más vivo sufrimiento sólo contó consigo misma para consolarse.

De jóvenes, nuestras más amargas decepciones y nuestras más radiantes esperanzas o ambiciones sólo las conocemos nosotros; ni siquiera nos abrimos del todo con nadie para confiarle nuestra amistad y nuestro amor; ocultamos algo de cada sentimiento en cada situación. Y esto es así incluso en nuestros éxitos y nuestras derrotas. Tanto el candidato a la presidencia que consigue la victoria como su rival sienten una soledad específica, y las buenas formas impiden a uno y a otro hablar de su satisfacción o de su pesar. La soledad del rey en su trono y la del prisionero en su celda difieren en carácter y grado, pero es soledad al fin y al cabo.

No pedimos compasión a los demás cuando nos embargan la angustia y el dolor por una amistad rota o un amor perdido. Cuando la muerte deshace nuestros lazos más queridos nos sentamos en soledad a la sombra de nuestra tristeza. De igual forma, cuando vivimos los mayores triunfos y las más sobrecogedoras tragedias de nuestra existencia, caminamos en soledad. En las divinas alturas de las conquistas humanas, elogiados y adorados cual héroes o santos, estamos solos. En la ignorancia, en la pobreza, en el pecado, siendo indigentes o malhechores, en soledad padecemos hambre o robamos; en soledad sufrimos el desdén y el rechazo de nuestros semejantes; en soledad nos persiguen por oscuros callejones y pasajes, en caminos y carreteras, y en soledad nos cazan; en soledad nos sentamos en el banquillo; en soledad lamentamos nuestros delitos y desventuras en la celda de la prisión; en soledad los expiamos en el cadalso. En momentos como ésos tomamos conciencia de la espantosa soledad de la vida del individuo, de sus tormentos, sus castigos, sus responsabilidades, momentos en los que los más jóvenes e indefensos son abandonados a su suerte, sin orientación ni consuelo. En vista de que la vida es siempre una marcha y una batalla, razón por la que cada soldado debería estar equipado para protegerse a sí mismo, es el culmen de la crueldad privar a la persona de un derecho individual natural.

Ponerle a alguien obstáculos en el camino de una educación completa es como sacarle los ojos; negarle los derechos de propiedad, como cortarle las manos. Negarles a los marginados la igualdad política es privarlos de todo respeto por sí mismos, de crédito en el mercado, de recompensa en el mundo laboral, de voz ante quienes hacen y administran la ley, de posibilidades ante el tribunal que los juzga y ante el juez que decide su castigo. La pieza teatral *Tito Andrónico*, de Shakespeare, contiene una terrible sátira aplicable a la posición de la mujer en el siglo XIX. Unos hombres brutales, nos dice la obra, se apoderaron de la hija del rey, le cortaron la lengua y las manos, y después le dijeron que pidiera agua y se lavara las manos. Qué imagen de la situación de la mujer: despojada de sus derechos naturales, salvando a cada paso los obstás que alzan la ley y las costumbres, y sin embargo obligada a librar sus propias batallas y, en las dificultades de la vida, a recurrir a sí misma para protegerse.

Abandonada a su suerte, una muchacha de dieciséis años, para hacerse cargo de sí misma, para buscar sitio en la sociedad, para resistir las tentaciones que la rodean y para preservar una integridad sin mancha, ha de contar, bien con una fuerza innata, bien con una educación superior. Esa capacidad no la adquiere aprendiendo a confiar en los demás y a desconfiar de sí misma. Si, resultándole arduo nadar a contracorriente, se agota en la lucha y se deja llevar por las aguas, no le faltará compañía, pero no encontrará a nadie a quien confiar su dolor en el momento de su más profunda humillación. Si intenta recuperar su sitio ocultando el pasado, su vida estará dominada por el miedo a que unas manos resueltas rasguen el velo tras el que se esconde. Joven y sin amigos, *ella* conoce la amarga soledad del ser.

Cuán insignificantes se vuelven esas pequeñas gentilezas que, de cara a la galería, el hombre de nuestra sociedad ha de dispensar a la mujer, si las comparamos con las tragedias más profundas, en las que ella debe interpretar su papel en soledad y ninguna ayuda humana es posible.

La joven esposa y madre que, al mando de cualquier empresa junto a un esposo amable que la proteja de los vientos adversos de la vida, posea riqueza, fortuna y posición tendrá cierto refugio y estará a resguardo de los males comunes de la vida. Sin embargo, para llevar una casa, para ejercer una conveniente influencia en la sociedad, para conservar sus amistades y el cariño de su esposo, para formar bien a sus hijos y a los sirvientes, deberá tener un sentido común, una sabiduría, una diplomacia y un conocimiento de la naturaleza humana poco frecuentes. Para todo eso necesitará las virtudes cardinales y los fuertes rasgos de carácter que posee el más exitoso estadista.

Una mujer sin formación, a la que han inculcado la idea de la dependencia, y sin recursos propios está condenada a fracasar en cualquier situación de la vida. Sin embargo, la sociedad dice que las mujeres no necesitan conocimiento del mundo, ni la amplia formación que proporciona la experiencia en la vida pública, ni las ventajas de la educación universitaria; pero, cuando por carecer de todo eso, su felicidad queda arruinada, la mujer soporta su aflicción en soledad; y cuán lastimosa es la soledad de los débiles y los ignorantes, quienes, en su feroz persecución de las recompensas de la vida, quedan reducidos a polvo.

Con la edad, cuando los placeres de la juventud ya no son sino un mero recuerdo, cuando los hijos han crecido, se han casado y se han marchado; cuando las prisas y el ajetreo de la vida han terminado en cierta medida; cuando las manos están cansadas de tanto trabajar y cuando el viejo sillón y la chimenea son los lugares preferidos, los hombres y las mujeres por igual deben echar mano de sus propios recursos. Si no encuentran compañía en los libros, si han perdido el interés por las cuestiones vitales del momento o por observar la culminación de las reformas con las que puede que se hayan sentido identificados, no tardan en caer en la senilidad. Cuanto más plenamente se desarrollen y continúen activas nuestras facultades mentales, más largo será el período de vigor y de interés por todo lo que nos rodea. Si una mujer, por haber participado a lo largo de su vida en los asuntos públicos, se siente responsable de las leyes que regulan nuestro sistema educativo, de la disciplina de nuestras prisiones o de las condiciones sanitarias de nuestros hogares, de los edificios públicos y de las calles; si se interesa por el comercio, las finanzas, las relaciones internacionales, ya sea por alguno de estos asuntos o por todos, al menos vivirá su soledad de manera digna y no se entregará a las habladurías ni a los escándalos para entretenerse.

La razón principal para abrirle a todo el mundo las puertas del conjunto de responsabilidades y placeres humanos es el desarrollo individual que se alcanza gracias a ello; proporcionar tales recursos en cualquiera que sea la coyuntura personal contribuye a mitigar la soledad que, tarde o temprano, nos llega a todos. Una vez le pregunté al príncipe Krapotkin, un nihilista ruso, cómo soportó sus largos años de prisión, privado de libros, de pluma, de tinta y de papel. «Ah –dijo–, medité sobre muchas cuestiones por las que tenía un profundo interés. Mientras pensaba en una idea, perdía la noción del tiempo. Cuando me cansaba de resolver problemas complicados recitaba todos los bellos pasajes, en prosa o en verso, que en el pasado había memorizado. Llegué a conocerme a mí mismo y fui consciente de mis capacidades. Tenía un mundo propio, un vasto imperio, que ningún carcelero ruso ni ningún zar podía invadir.» Tal es el valor del pensamiento libre y de una amplia cultura cuando nos vemos separados de toda compañía humana, ya que nos proporcionan consuelo y luz aun dentro de las cuatro paredes de una celda.

Dado que algunas mujeres afrontan un destino similar al de Krapotkin, ¿no deberían tener todo el consuelo que una educación más amplia puede brindar? Su sufrimiento en las prisiones de San Petersburgo, durante las largas y agotadoras marchas hacia Siberia y en las minas, trabajando codo con codo con los hombres, sin duda exige toda la autonomía que los más exaltados sentimientos de heroísmo pueden ofrecer. Cuando se despiertan sobresaltadas en mitad de la noche a causa de los alarmantes gritos de «¡Fuego!, ¡Fuego!» y descubren que la casa que las

cobija está en llamas, ¿esperan las mujeres a que los hombres les señalen la sali-
da? Y los hombres, igualmente desconcer-
tados y casi ahogados por el humo, ¿están
en condiciones de hacer algo más que in-
tentar salvarse ellos mismos?

En momentos semejantes, incluso las
mujeres más apocadas han demostrado tal
valor y heroísmo al salvar a sus esposos e
hijos que han sorprendido a todo el mundo. Por lo tanto, ya que la mujer compar-
te por igual las alegrías y las penas de lo
temporal y lo eterno, ¿no es el colmo de
la presunción que el hombre se propon-
ga para representarla en las urnas y ante
Dios, para votar en la política y orar en
la iglesia en su nombre, y de esta manera
asuma el puesto de sumo sacerdote en el
altar de la familia?

Nada refuerza el juicio y aviva la conciencia tanto como la responsabilidad

individual. Nada confiere más dignidad al carácter que el reconocimiento de la propia soberanía y el derecho a una posición pareja, concedido en todas las esferas, una posición conquistada gracias al mérito personal, y no merced a un logro artificial, como la herencia, la riqueza, la familia y la posición. Puesto que las responsabilidades de la vida recaen igualmente en el hombre y en la mujer, y que su destino es el mismo, ambos necesitan idéntica preparación tanto para el tiempo terrenal como para el tiempo eterno. Hablar de proteger a la mujer de las feroces tormentas de la vida es la más pura y absoluta de las burlas, porque esas tormentas la azotan desde todos los puntos cardinales al igual que azotan al hombre, pero con la diferencia de que para ella los resultados suelen ser peores, ya que a él sí le han enseñado a protegerse, a resistir, a conquistar.

Tales son los hechos de la experiencia humana y las responsabilidades de la soberanía individual. Ricos y pobres, inteligentes e ignorantes, sabios e insensatos, virtuosos y viciosos, hombres y mujeres, da lo mismo: cada persona debe encomendarse por completo a sí misma.

Sean cuales sean las teorías sobre la dependencia que la mujer tiene del hombre, en los momentos supremos de la vida de ella él no puede asumir sus cargas. La mujer va sola hasta las puertas de la muerte para darle la vida a cada persona que nace en este mundo. Nadie puede ponerse en su lugar y sentir sus miedos, nadie puede mitigar sus contracciones, y, si su dolor es mayor de lo que puede soportar, ella sola traspasa las puertas que llevan a la inmensidad de lo desconocido.

Desde la cima de los montes de Judea, hace mucho tiempo, una voz celestial dijo a sus discípulos: «Llevad los unos las cargas de los otros». Pero la humanidad aún no ha alcanzado ese nivel de abnegación y, aun deseándolo, qué pocas son las cargas que una persona está realmente dispuesta a llevar por otra. En los caminos de Palestina, durante la oración y el ayuno en una solitaria montaña en el huerto de Getsemaní, ante el tribunal de Pilatos, traicionado por uno de sus discípulos en su última cena, en la agonía de la cruz, incluso Jesús de Nazaret sintió, en aquellos funestos últimos días en la tierra, la terrible soledad del ser. Abandonado por los hombres, agonizante, exclamó: «¡Dios mío!, ¡Dios mío!, ¿por qué me has abandonado?». Y así ha de continuar siendo en las conflictivas escenas de la vida, durante la larga y agotadora marcha que cada uno recorre en soledad. Podemos tener muchos amigos, amor, bondad, compasión y caridad que suavicen nuestro camino en la vida diaria; aun así, en las tragedias y los triunfos de la experiencia humana todo mortal está solo.

Pero, cuando todas las trabas artificiales desaparezcan y se reconozca que las mujeres son seres humanos responsables de sus circunstancias personales, plenamente formadas para todas las tareas de la vida que hayan de desarrollar; que están en posesión de todas las capacidades que el pensamiento liberal y la amplia cultura pueden proporcionar; que se guían por su propia conciencia y su juicio; que se hallan preparadas para protegerse a sí mismas mediante el desarrollo saludable de su sistema muscular y la habilidad en el uso de armas de defensa, y se las aliente a ser autosuficientes por medio del conocimiento del mundo laboral y de la satisfacción que la independencia económica siempre proporciona; cuando se instruya a las mujeres de este modo, estarán, en cierta medida, formadas para esas horas de soledad que nos llegan por igual a todos, estemos o no preparados. Ya que en caso de necesidad debemos contar con nosotros mismos, los dictados de la sabiduría señalan hacia el completo desarrollo del individuo.

Al hablar de educación, qué superficial es el argumento de que es preciso formar a cada grupo de personas para el trabajo específico que se propone desempeñar, pues de ese modo aquellas facultades que no sean necesarias en esa senda específica quedarán inactivas y, por ende, mermadas debido a esa falta de uso, cuando, tal vez, precisamente tales capacidades serían las necesarias para afrontar las grandes dificultades de la vida. Algunos dicen: «¿De qué sirve instruir a las jóvenes en Lenguas, Ciencias, Derecho, Medicina o Teología? En su papel de esposas, madres, amas de casa o cocineras requieren un programa de estudios diferente al de los muchachos, que han de ocupar toda clase de puestos». Los jefes de cocina de nuestros grandes hoteles y transatlánticos son hombres. En nuestras grandes ciudades los hombres llevan las panaderías; ellos hacen nuestro pan, los bizcochos y pasteles. Dirigen las lavanderías y ya se los considera los mejores sombrereros y modistos. ¿Acaso porque algunos hombres ocupen esos puestos de utilidad tendríamos que regular los planes de estudios de Harvard y Yale según sus necesidades actuales? Si no es así, ¿por qué se da en nuestras mejores universidades el debate sobre un plan de estudios para las jóvenes cuando ya son muchas las que están ejerciendo oficios y profesiones liberales, cuando son maestras en todas nuestras escuelas públicas, cuando están ocupando rápidamente muchos puestos lucrativos y honorables en la vida? Están demostrando, además, serenidad y valor en los momentos más difíciles de la experiencia humana.

Probablemente todos ustedes hayan leído en los diarios las noticias de la terrible tormenta del golfo de Vizcaya, durante la cual una ola gigantesca hizo estragos en la costa, hundió barcos, arrancó los tejados de las casas y llevó la devastación a todas partes. Entre otros edificios, resultó destruida la cárcel de mujeres. Aquellas que escaparon vieron que había hombres luchando por alcanzar la orilla. Enseguida formaron una cadena humana cogiéndose de las manos y, arriesgando sus vidas, se metieron en el mar repetidas veces hasta que consiguieron llevar a tierra a seis hombres, los trasladaron a un refugio e hicieron cuanto pudieron por su bienestar y su protección.

¿Qué formación académica especial podría haber preparado a esas mujeres para ese sublime momento de sus vidas? En tales ocasiones la humanidad se eleva por encima de cualquier plan de estudios y reconoce que la Naturaleza es la mayor maestra en los momentos de peligro y de muerte. Las mujeres ya son iguales a los hombres en la esfera del pensamiento, el arte, la ciencia, la literatura y la política. Provistas de telescopios, exploran el firmamento estrellado y nos traen la historia del mundo planetario. Equipadas con cartas de navegación y brújula, pilotan barcos por los inmensos mares, y con sus hábiles dedos envían mensajes eléctricos por todo el orbe. En los lienzos de las galerías de arte las mujeres inmortalizan las bellezas de la naturaleza y las virtudes de la humanidad, y su inspirado tacto transforma toscos bloques de mármol en ángeles luminosos.

Por otro lado, en la música, las mujeres hablan el idioma de Mendelssohn, Beethoven, Chopin o Schumann, y son dignas intérpretes de sus magistrales ideas. La poesía y las novelas del siglo son de ellas, quienes asimismo han dado ideas clave para la reforma de la religión, la política y la vida social. Ocupan la silla del redactor y la del profesor, y defienden a personas ante el tribunal de justicia, recorren los pabellones del hospital y hablan desde el púlpito y el estrado. Ése es el tipo de mujer al que, en nuestros días, la opinión pública progresista da la bienvenida, y ése es el triunfo de la realidad sobre las falsas teorías del pasado.

¿Es entonces coherente constreñir el desarrollo de la mujer de hoy a los estrechos límites políticos en los que vivían las señoras que manejaban la rueca y la aguja de tejer en el pasado? ¡No! ¡No! Ahora las máquinas cargan sobre sus incansables hombros tanto las labores de la mujer como las del hombre; el telar y la rueca no son sino sueños del pasado; la pluma, el caballete, el pincel y el cincel han tomado su lugar al mismo tiempo que las esperanzas y las ambiciones de las mujeres han cambiado radicalmente.

Atendiendo a las condiciones externas que influyen a los seres humanos, vemos razón suficiente para que haya una libertad y un desarrollo individuales; pero, cuando consideramos la autonomía de cada persona, vemos la necesidad de valor, de juicio y del ejercicio de cada facultad de la mente y del cuerpo, fortalecida y desarrollada por el uso, tanto en la mujer como en el hombre.

Se diga lo que se diga sobre la capacidad protectora del hombre, ya sea en circunstancias ordinarias, en los terribles desastres de la tierra y del mar o en los supremos momentos de peligro, al final la mujer siempre debe enfrentarse sola a los horrores de la situación; ni siquiera el Ángel de la Muerte le allana el camino. El amor y la comprensión del hombre sólo nos llegan en la flor de la vida. En la solemne soledad del ser, la que nos une a lo inconmensurable y lo eterno, cada persona vive sola siempre. Un autor ha dicho hace poco:

Recuerdo que una vez, cruzando el Atlántico, fui a la cubierta del barco a medianoche, cuando una densa nube negra envolvía el cielo y el océano infinito rugía con furia por el embate de diabólicos vientos. Mi sensación no fue de peligro ni de miedo (que es una vil rendición del alma inmortal), sino de absoluta desolación y soledad, una pequeña mota de vida rodeada de una tremenda oscuridad. También recuerdo haber escalado las laderas de los Alpes suizos, hasta más allá de donde acaba la vegetación y las raquíticas coníferas ya no luchan contra las crueles ráfagas de viento. A mi alrededor se extendía un enorme caos de rocas, de las cuales surgían gigantescas cumbres heladas que se adentraban en el infinito azul de los cielos, y, una vez más, mi único sentimiento fue el de una espantosa soledad.

Y, sin embargo, existe una soledad que cada uno de nosotros ha llevado siempre consigo, más inaccesible que las montañas heladas, más profunda que el mar a medianoche: la soledad del ser. Ni mirada ni mano alguna, ni de ser humano ni de ángel, ha alcanzado nuestro ser interior, al que llamamos *nuestro yo*. Es más recóndito que las grutas de los gnomos, que el sanctasanctórum del oráculo o que la cámara secreta de los misterios eleusinos, pues sólo a la omnisciencia le está permitida la entrada en él.

Lo mismo ocurre con la vida de cada cual. Y yo les pregunto a ustedes: ¿quién puede hacerse cargo de los derechos, los deberes y las responsabilidades de otro ser humano?, ¿quién puede atreverse a asumirlos?

CRONOLOGÍA

1815   Nace Elizabeth Cady Stanton, hija del juez Daniel Cady y Margaret Livingston, en Johnstown, Nueva York.

El primer recuerdo de Elizabeth es de cuando tenía cuatro años; tras el nacimiento de su hermana Catherine, una visita declara: «¡Qué pena que sea una niña!».

1826   Muere su hermano Eleazer.

Elizabeth está decidida a recibir la mayor formación posible para consolar a su afligido padre, al que recuerda diciendo: «Ay, hija mía, ojalá fueras un chico».

1831   Comienza sus tres años de formación en el Seminario Femenino Troy de Emma Willard, después de haber terminado su escolarización en la Johnstown Academy de enseñanza mixta.

Los años que Elizabeth pasa en la Johnstown Academy influyen en su apoyo a la enseñanza mixta. En el Seminario Femenino Troy, considerado la mejor institución educativa para mujeres, Elizabeth estudia Filosofía, Historia, Matemáticas y Lógica. Después de graduarse utiliza la biblioteca de su padre para estudiar Historia Legal y Constitucional.

1840   Se casa con Henry Brewster Stanton.

Elizabeth conoce a Henry en casa de su primo, el abolicionista Gerrit Smith. Stanton es célebre por ser un carismático orador de la plataforma abolicionista. Antes de casarse, Elizabeth exige que la palabra obedecer *se elimine de la ceremonia nupcial.*

1840   Conoce a Lucretia Mott en Londres, en la primera Convención Mundial Antiesclavista.

Cuando la Convención se niega a que las mujeres adquieran la función de delegadas, Elizabeth y Lucretia Mott hablan de la necesidad de una convención en los Estados Unidos sobre derechos de la mujer. Mott, abolicionista y ministra cuáquera, se convierte en mentora de Elizabeth de por vida.

1842   Da a luz al primero de sus siete hijos (cinco niños y dos niñas), nacidos entre 1842 y 1859.

Siendo una madre primeriza, la conciencia de Elizabeth sobre la desigualdad entre los sexos aumenta. Dicha conciencia se intensifica después de que la familia se marche de Boston, donde Elizabeth disfruta de una rica vida cultural y social, para mudarse a Seneca Falls, Nueva York, en 1847.

1848   Planifica la primera convención sobre derechos de la mujer con Lucretia Mott, Martha Coffin Wright, Mary Ann McClintock y Jane Hunt, y escribe la Declaración de Sentimientos o Declaración de Pareceres (*Declaration of Sentiments*).

La convención se celebra en Seneca Falls, con una asistencia de trescientas personas, mujeres y hombres. Elizabeth basa su texto en la Declaración

de Independencia y reclama
igualdad para las mujeres, in-
cluyendo el derecho al voto,
entonces denegado a todas las
mujeres en el mundo entero.
Frederick Douglass se encuen-
tra entre los treinta y dos hom-
bres y sesenta y ocho mujeres
que firman el escrito, asimismo
conocido como Declaración de
Seneca Falls.

1851   Conoce a Susan B. Anthony,
con quien inicia una amistad y
una colaboración política que
durarán toda la vida.

Amelia Bloomer presenta a las
dos mujeres en Seneca Falls du-
rante un paseo. De su relación

con Anthony, Elizabeth afirma-
ría más adelante: «Yo fabricaba
las bombas; ella las lanzaba».

1854   Lee el discurso dirigido a la
Asamblea Legislativa de Nueva
York en una convención sobre
los derechos de la mujer. Reclama la igualdad civil; el derecho a votar y a ser miembro de
un jurado; la igualdad de derechos de herencia para las viu-
das; el derecho de las esposas a
recibir un salario, y la revisión
del código matrimonial.

La determinación de Eliza-
beth de hacer del matrimonio
un contrato legal igualitario
para mujeres y hombres (que

permitiera a las mujeres el de-
recho al divorcio) divide a los
miembros del movimiento su-
fragista y aleja a muchos hom-
bres.

1861   Asiste a reuniones antiesclavis-
tas por todo el estado de Nueva
York, insistiendo en que el pre-
sidente Lincoln apoye la aboli-
ción de la esclavitud.

Viajando con Susan B. Anthony,
Lucretia Mott, Frederick Dou-
glass y otros, se encuentra con
muchedumbres enardecidas. En
respuesta a la preocupación de su
esposo, Elizabeth vuelve a casa,
pero de nuevo se une a los demás
cuando llegan a Albany.

1862   Se traslada a la ciudad de Nue-
        va York.

        Los Stanton se mudan cuan-
        do Henry Stanton acepta un
        puesto en la aduana. Elizabe-
        th, contratada como conferen-
        ciante, regresa a Seneca Falls
        una vez.

1863   Junto con Susan B. Anthony
        crea la Liga Nacional de Mu-
        jeres Leales (*Women's Loyal*
        National League), dedicada a
        liberar a los esclavos y a em-
        poderar a las mujeres de los Es-
        tados Unidos.

Antes de su disolución al año siguiente, el grupo recoge cuatrocientas mil firmas, las cuales contribuyen a la ratificación de la decimotercera enmienda, que pone fin a la esclavitud.

1865   Se opone a la exclusividad de las enmiendas decimocuarta y decimoquinta, y en 1869 pierde el apoyo de los abolicionistas, incluido Frederick Douglass, y de muchos sufragistas.

Durante ese período, Elizabeth se da cuenta de que los esfuerzos de los sufragistas para abolir la esclavitud no garantizaban el respaldo de los abolicionistas al derecho de la mujer a votar. En respuesta, Elizabeth hace numerosos comentarios racistas en sus discursos de apoyo a los derechos de la mujer. Cuando, después de la guerra de Secesión, se celebra la Undécima Convención Nacional por los Derechos de la Mujer, muchos partidarios anteriores no asisten. Entre quienes sí lo hacen está Sojourner Truth, que se aloja en casa de los Stanton.

1868   Junto con Susan B. Anthony funda el periódico sufragista *Revolution* y forma la Asociación Nacional pro Sufragio Femenino (*National Woman Suffrage Association*, NWSA).

Elizabeth se convierte en la primera presidenta de la NW-SA. Lucy Stone encabeza la escisión entre las sufragistas partidarias de la decimoquinta enmienda y las contrarias, y forma la Asociación Estadounidense pro Sufragio Femenino (American Woman Suffrage Association, *AWSA*) *en 1869.*

1870   Pasa unos ocho meses al año viajando por todo el país, dando charlas sobre los derechos de la mujer y ganando un sueldo para mantener a su familia.

Se une al movimiento Lyceum, que cuenta con artistas y educadores, y da una charla al día.

El humor de Elizabeth, su sabiduría, su franqueza y su apariencia maternal la convierten en una oradora sumamente popular.

1876   Escribe la Declaración de Derechos de las Mujeres Estadounidenses (*Declaration of Rights of the Women of the United States*) para la celebración del Centenario de los Estados Unidos, en Filadelfia. A la NWSA se le deniega la oportunidad de participar en la ceremonia del Centenario.

Haciendo caso omiso de la ausencia de invitación, Anthony envía un ejemplar del discurso

de Elizabeth al Salón de la In-
dependencia, dirigido al pre-
sidente del Centenario, y des-
pués presenta la Declaración
desde un templete situado en
el exterior.

1881   Publica el primer volumen de
The History of Woman Suffra-
ge, con Susan B. Anthony y
Matilda Joslyn Gage.

Una vez terminado el segun-
do volumen, viaja a Europa
con su hija Harriot. Al cabo de
unos meses, Susan B. Anthony se
reúne con Elizabeth en Londres.
Cuando las dos regresan a Esta-
dos Unidos, retoman la escritura
y en 1886 se publica el tercero.

1887   Henry Stanton fallece mientras Elizabeth está en Inglaterra, adonde ha ido a visitar a su hija.

Elizabeth descubre que su estatus de viuda le da independencia y autonomía.

1890   Es elegida presidenta de la Asociación Nacional Estadounidense por el Sufragio Femenino (*National American Woman Suffrage Association*, NAWSA), fusión de las asociaciones nacional y estadounidense en favor del sufragio femenino.

Siendo presidenta, Elizabeth alienta la aceptación de mujeres «de todo tipo y clase, de toda raza y credo», y anima a los miembros a que aborden todos los problemas que afectan a la vida de las mujeres.

1892   Presenta su último discurso, *La soledad del ser*, ante el Comité de la Cámara de Representantes del Poder Judicial, ante el Comité del Senado por el Sufragio Femenino y ante la NAWSA antes de dimitir de su cargo de presidenta.

Elizabeth considera que éste es su mejor discurso. Después de

su dimisión, Anthony asume
la presidencia de la Asociación
Nacional Estadounidense por el
Sufragio Femenino.

1895   Publica *The Woman's Bible*.

En The Woman's Bible, *Eliza-*
beth interpreta los textos bíbli-
cos tradicionales de los que se
desprende la inferioridad de la
mujer. Algunos miembros de
la NAWSA quieren expulsar a
Elizabeth de la organización.
Susan B. Anthony intenta di-
suadirlos, pero fracasa.

1898   Publica su autobiografía, *Eighty*
Years and More.

Elizabeth dedica el libro a «Susan B. Anthony, mi leal amiga durante medio siglo».

1902   Muere en la casa en la que vive con su hijo y su hija, en la ciudad de Nueva York.

Elizabeth reconoció que era improbable que viviera para ver a las mujeres depositar sus votos en las urnas. Años antes había escrito en su diario: «Nunca olvido que estamos sembrando trigo de invierno, que la próxima primavera lo verá brotar y que otras manos, no las nuestras, lo cosecharán y lo disfrutarán».

1920   El Congreso aprueba la deci-
monovena enmienda, que ga-
rantiza el derecho al voto a las
mujeres de todo el país.

ÍNDICE